Perfect Moon
Perfekter Mond

Sipiwe Anderson

BOOTSTRAP
PUBLICATIONS

Perfect Moon

Perfekter Mond

Mond, Mond du bist heute Nacht so perfekt.

Kann ich so sein wie du?
Immerzu hell erleuchtet?

Du baust dich
so perfekt auf

Ich liebe dich.

Ich sehe dir zu, wie du von einer Bananenform bis hin zu einem runden Kreis anwächst.

Du bist wunderbar.

So voller Licht, das über mir leuchtet.

Perfekt bist du.

Wenn ich mich heute Abend schlafen lege, sehe ich dich an und weiß, dass ich perfekt schlafen werde

Das Ende.

Meinen Kindern gewidmet
Devin und Cameo Anderson

SIPIWE ANDERSON ist zum ersten Mal Autorin, Mutter und blickt auf eine umfangreiche Karriere als Schauspielerin und Model zurück. Der Autor lebt in den Vereinigten Staaten und wurde in Simbabwe geboren. Sie hat auch in England, Italien und Frankreich gelebt. Ihre internationale Welterfahrung und ihre Mutterschaft kommen in ihrem Schreiben auf liebevolle Weise zum Ausdruck. Perfect Moon ist eines von mehreren Stücken.

⭐

Special discounts on bulk quantities of Bootstrap Publications books are available. For details contact: www.bootstrappublications.com

Library of Congress Cataloguing in Publications Data

Anderson, S.
Perfect Moon: Perfekter Mond/ S. ANDERSON
ISBN 978-1-959220-03-9

Printed in the United States of America on environmentally conscious material.

www.ingramcontent.com/pod-product-compliance
Lightning Source LLC
LaVergne TN
LVHW072102070426
835508LV00002B/234